© / Copyright 2019
Elke Jänsch-Dilger
1. Auflage
Alle Rechte vorbehalten
Nachdruck, auch auszugsweise, verboten.
Kein Teil dieses Werkes darf ohne schriftlich Genehmigung des Autors
in irgendeiner Form reproduziert, vervielfältigt oder verbreitet werden.
Kontakt:
Elke Jänsch-Dilger
Talstraße 123 a
79286 Glottertal, Deutschland
elke.dilger@googlemail.com
Covergestaltung: Elke Jänsch-Dilger

www.ingramcontent.com/pod-product-compliance
Lightning Source LLC
Chambersburg PA
CBHW070654220526

45466CB00001B/429